Textes :
Emmanuel Chanut, Évelyne Douailler,
Bertrand Fichou et Stéphanie Janicot

Illustrations :
Donald Grant et Olivier Hubert

Illustration de couverture : Olivier Hubert

© 2004 Bayard Éditions Jeunesse
ISBN : 978-2-7470-1282-9
Dépôt légal : mai 2004 - 4ᵉ édition
Imprimé en malaisie
Loi 49-956 du 16 juillet 1949
sur les publications destinées à la jeunesse

La petite encyclopédie **Youpi** des grands curieux

Les super machines

BAYARD JEUNESSE

tiers, il y a beaucoup d'engins qui

Il y a des engins pour transporter.

Ce camion emporte la terre et les gravats hors du chantier.

Le tombereau articulé tourne très facilement. Il passe partout dans le chantier.

Ce tombereau géant est vraiment très fort.
Il pourrait supporter le poids de dix-huit éléphants.

Sur les chan

Il y a des engins pour remuer la terre.

Cette pelleteuse a une benne qui s'ouvre pour ramasser la terre.

Le brise-roche est un marteau-piqueur géant qui casse les rochers.

La chargeuse ramasse la terre et la charge dans les camions.

La mini-chargeuse est très pratique. Elle se faufile partout.

La pelleteuse

Cet engin est une pelle géante.
Elle creuse d'énormes trous
grâce à son bras articulé.

Le bulldozer

C'est une machine superpuissante qui emporte tout ce qui se trouve sur son passage.

Le bulldozer est fait p

Le bulldozer prépare le chantier.
Il démolit les vieux bâtiments et il rassemble les gravats.

Le bulldozer casse et déracine les arbres pour ouvrir un chemin dans la forêt.

Le sais-tu ?

La pelleteuse mécanique est très puissante. Certaines peuvent enlever en une pelletée un tas de terre gros comme une voiture.

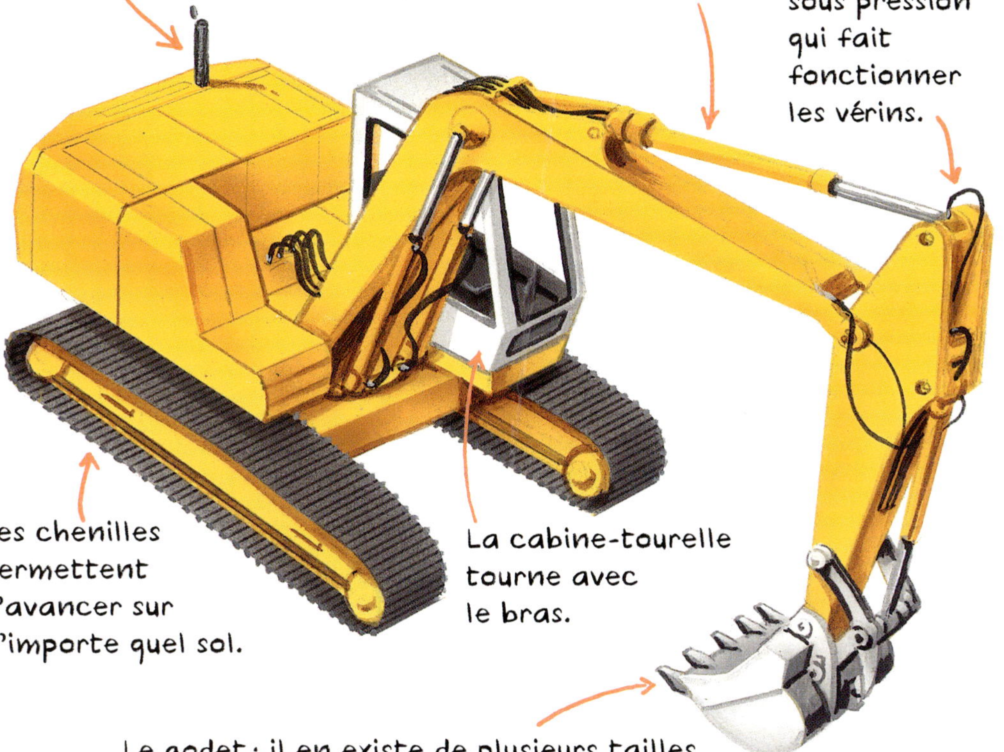

Le pot d'échappement a un petit clapet pour empêcher la pluie de tomber à l'intérieur.

Le vérin hydraulique : c'est en s'allongeant ou en raccourcissant qu'il fait bouger le bras.

Dans ces tuyaux, il y a un liquide sous pression qui fait fonctionner les vérins.

Les chenilles permettent d'avancer sur n'importe quel sol.

La cabine-tourelle tourne avec le bras.

Le godet : il en existe de plusieurs tailles. On peut en changer pour adapter la pelleteuse aux différents travaux.

pour dégager le terrain.

Le bulldozer pousse la terre pour faire vite une digue et empêcher la lave d'un volcan de passer.

Le bulldozer dégage la route qui a été recouverte par un éboulis de pierres.

préparent le sol.

Et il y a des engins pour aplatir.

La niveleuse a une grande lame
qui étale la terre et la met
au bon niveau.

Le compacteur est très lourd.
Il tasse le sol
pour le rendre plus dur.

Cette machine sait presque tout faire !

La chargeuse-pelle a plusieurs outils. Elle peut mettre au bout de son bras
une benne, un brise-roche ou un godet pour creuser des tranchées.
À l'avant, elle a un large godet pour ramasser et charger la terre.

La moissonneuse-batteuse

Cette grosse machine-là, on la voit l'été dans les champs. Elle sert à récolter le blé.

La moissonneuse-batteuse

Cette machine coupe le blé et sépare les grains de la tige : elle moissonne et elle bat. C'est pourquoi on l'appelle « moissonneuse-batteuse ».

Les grains remontent tout en haut et ils sont stockés dans le réservoir.

À l'avant, le rouleau coupe les tiges de blé au ras du sol.

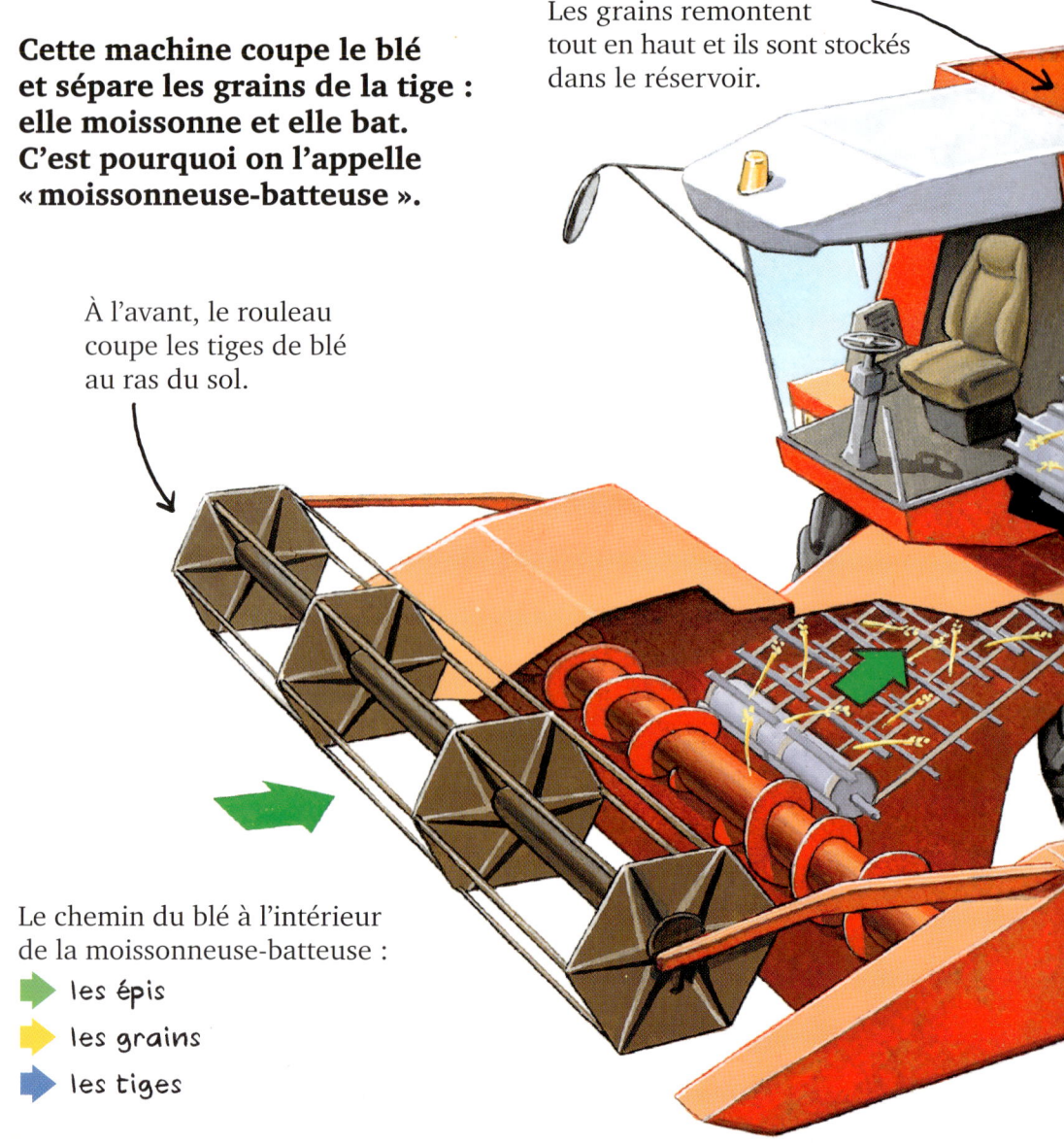

Le chemin du blé à l'intérieur de la moissonneuse-batteuse :
- les épis
- les grains
- les tiges

sépare le grain de la paille.

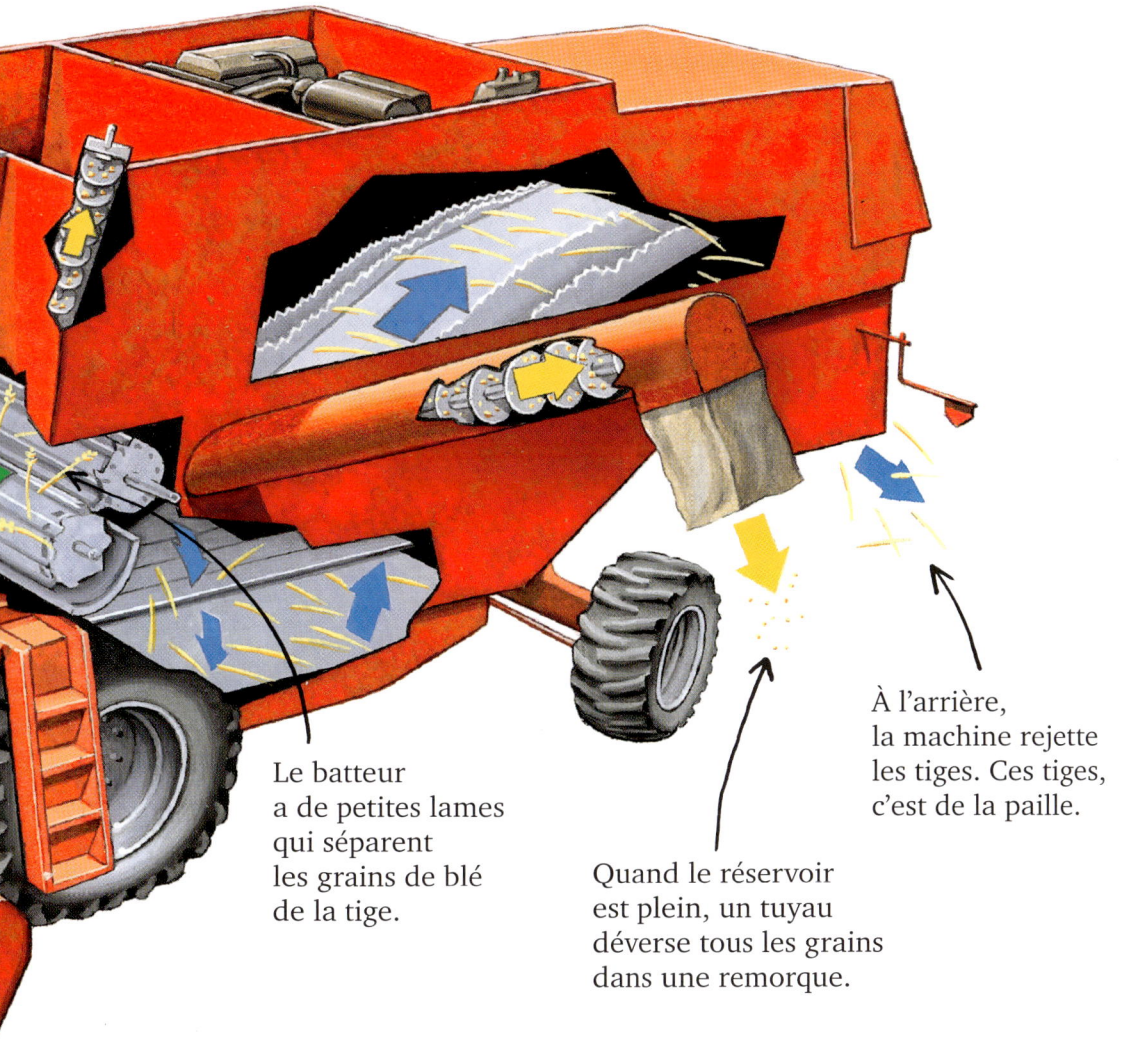

Le batteur a de petites lames qui séparent les grains de blé de la tige.

Quand le réservoir est plein, un tuyau déverse tous les grains dans une remorque.

À l'arrière, la machine rejette les tiges. Ces tiges, c'est de la paille.

**C'est grâce à ses deux bras hydrauliques
que la lame monte et descend.**

Quand la lame est en bas,
elle pousse des pierres
et elle arrache de grosses racines.

Quand elle est en haut,
elle déplace d'énormes
tas de terre.

À l'arrière du bulldozer, on peut monter une sorte de peigne très puissant,
le ripper. Il permet d'arracher et de casser des rochers.

Le sais-tu ?

Le bulldozer a beaucoup de force.
Sa lame a un bord tranchant qui coupe tout ce qu'elle rencontre.

Le moteur est très gros. Il prend toute la place devant la cabine.

Avec les projecteurs, pas de problème pour travailler la nuit !

Les vérins hydrauliques font bouger la lame.

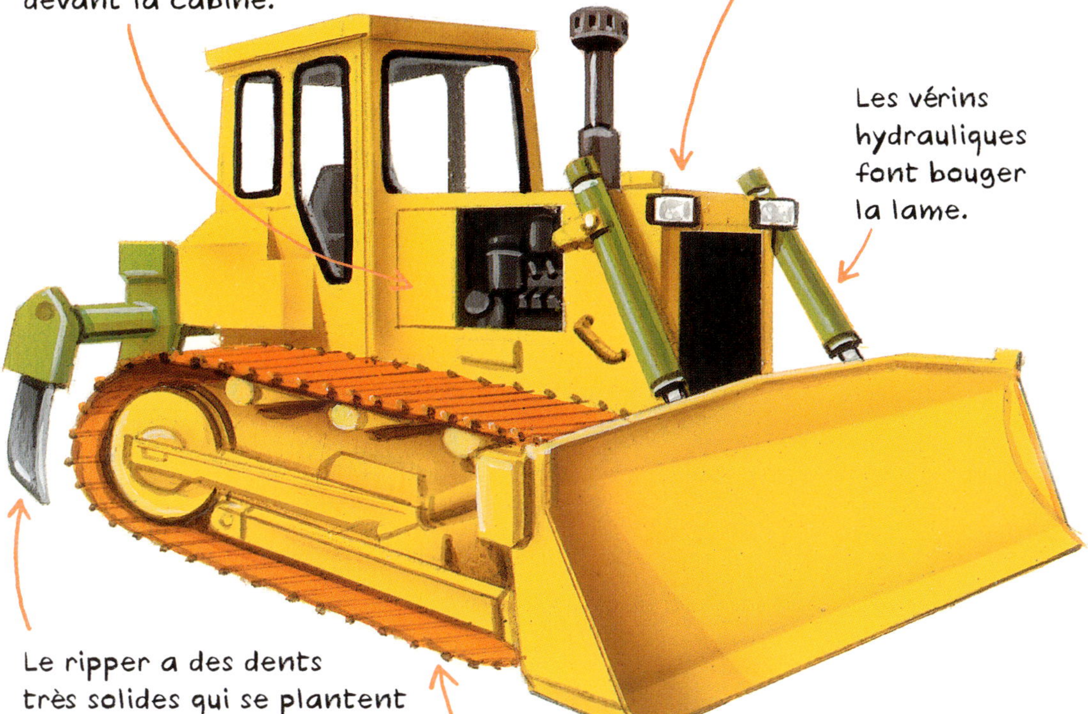

Le ripper a des dents très solides qui se plantent dans le sol. Elles peuvent arracher des racines, des rochers...

Les chenilles sont des lames d'acier qui forment comme un bracelet autour des roues.

La grue mobile

Cette grue gigantesque est installée sur le dos d'un camion. Elle se déplace facilement d'un chantier à un autre.

D'abord on installe le camion.

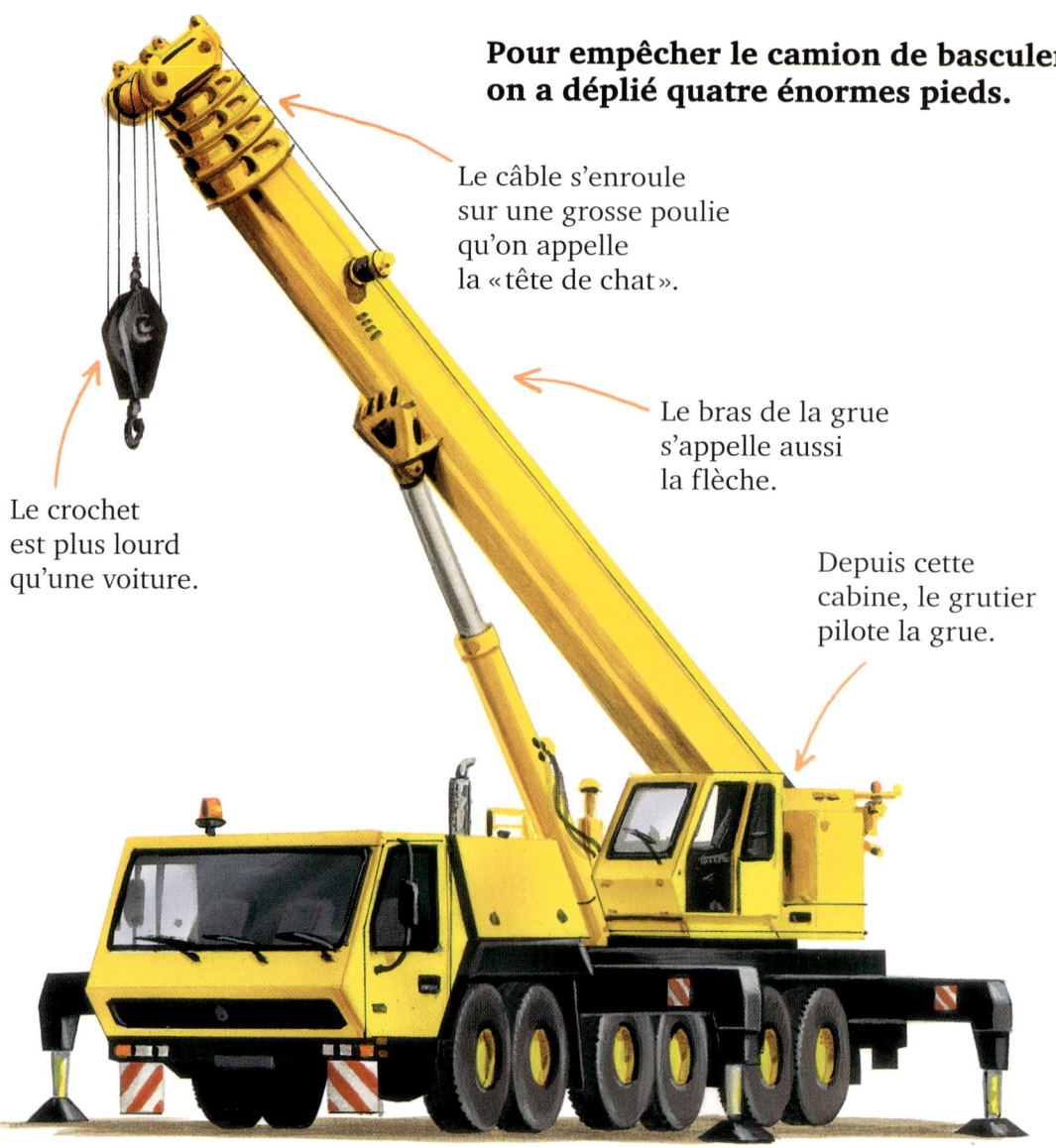

Pour empêcher le camion de basculer, on a déplié quatre énormes pieds.

Le câble s'enroule sur une grosse poulie qu'on appelle la « tête de chat ».

Le bras de la grue s'appelle aussi la flèche.

Le crochet est plus lourd qu'une voiture.

Depuis cette cabine, le grutier pilote la grue.

puis on déploie la grue.

Quand la grue se lève,
elle peut atteindre
le sommet d'un immeuble
de vingt étages !

Le bras de la grue
est formé de plusieurs
morceaux qui se rangent
les uns dans les autres.
C'est un bras télescopique.

Quand le blé est mûr, il faut vite moissonner, avant que la pluie ne l'abîme.

La moissonneuse-batteuse coupe le blé et stocke les grains dans le réservoir.

Quand le réservoir est plein, le blé est vidé dans une remorque.

Le blé est transporté et il est stocké dans des silos en attendant d'être vendu.

Le sais-tu ?

Quand les machines n'existaient pas, les hommes et les femmes moissonnaient et battaient le blé à la main.

Dans les champs, ils coupaient le blé avec une faucille.

Puis, dans la cour de la ferme, ils battaient les épis avec un fléau.

Voici les premières machines qui récoltaient le blé

Une des premières moissonneuses, inventée il y a 120 ans.

La première batteuse, inventée il y a 80 ans.

Le sais-tu ?

**Sur la route, la grue mobile prend beaucoup de place.
Alors elle roule surtout la nuit, quand il y a moins de voitures.**

Les gyrophares sont allumés pour prévenir les automobilistes.

Sur la route, le conducteur se tient dans la cabine qui est à l'avant.

Les pieds sont toujours repliés quand la grue avance.

À l'avant, elle porte un panneau « convoi exceptionnel ». Parfois, une voiture spéciale roule devant pour prévenir les autres automobilistes.

Les douze roues peuvent tourner toutes en même temps pour manœuvrer facilement.

**C'est avec une grue mobile
que les hommes assemblent la grue fixe sur le chantier.**

D'abord on monte le mât, puis on installe la flèche.

Il existe aussi d'autres machines pour travailler en hauteur.

Grâce au monte-meubles,
les déménageurs montent ou descendent
les meubles des appartements.

Avec une nacelle, on peut
réparer les lampes
au-dessus des routes.

er des machines qui rendent plus

Le distributeur d'engrais disperse des produits qui aident les plantes à pousser.

La faucheuse coupe l'herbe pour faire du foin.

Le tracteur est fait pour t

Avec la charrue, on laboure les champs.

Avec le semoir, on sème les graines bien en ligne.

Le tracteur

Le tracteur est très fort.
Avec ses grosses roues,
il peut passer partout,
même dans la boue !

Le sais-tu ?

Le tracteur est un vrai 4x4. Son moteur fait tourner les deux roues avant et les deux roues arrière.

À l'arrière, l'attelage a deux bras articulés et des crochets pour fixer des remorques et des machines.

Le gyrophare sert à prévenir les voitures quand le tracteur roule sur la route.

Le pot d'échappement est dirigé vers le haut, comme une cheminée.

La prise de force est reliée au moteur. Elle fait fonctionner les machines qui sont attelées au tracteur.

Les roues crantées accrochent bien dans la terre.

facile le travail des champs.

Avec la presse à balles, on ramasse le foin quand il est bien sec.

Grâce à la remorque, on peut transporter plein de choses :
le blé, les balles de foin, la paille...

...es utiles à la montagne.

La saleuse éparpille du sel pour faire fondre la glace qui est sur la route. Les chaînes installées autour de ses roues l'empêchent de glisser.

La motoneige a deux petits skis qui glissent sur la neige. Elle est très pratique pour transporter du matériel, du ravitaillement ou pour secourir des skieurs.

Tous ces engins sont tr

La fraise aspire la neige tassée sur le bord de la route et la recrache plus loin.

La dameuse tasse la neige pour préparer les pistes de ski.
Grâce à ses chenilles spéciales, elle peut avancer sur une pente très raide.

Le chasse-neige

C'est un camion
avec une grande lame à l'avant.
Il est champion pour débarrasser
la route quand la neige
empêche les voitures
de circuler !

Le sais-tu ?

C'est grâce au chasse-neige que les gens ne restent pas bloqués chez eux après chaque tempête de neige.

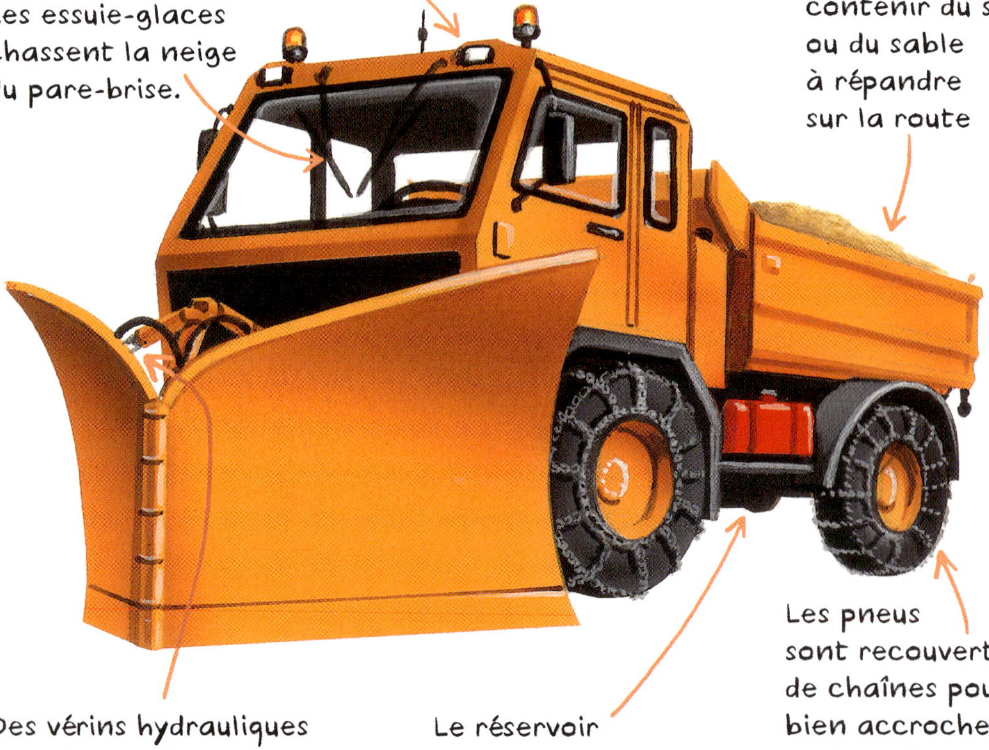

Les projecteurs permettent de travailler par tous les temps, et aussi la nuit.

Grâce aux gyrophares, on voit le chasse-neige de loin.

La benne peut contenir du sel ou du sable à répandre sur la route

Les essuie-glaces chassent la neige du pare-brise.

Les pneus sont recouverts de chaînes pour bien accrocher sur la neige.

Des vérins hydrauliques font bouger la lame.

Le réservoir d'essence est ici.

La lame du chasse-neige peut se transformer.

Cette grosse lame s'appelle une étrave.
Dans cette position, elle chasse la neige sur les côtés de la route.

Dans cette position, elle permet
de faire de gros tas de neige.

En forme de barre,
elle dégage la neige d'un seul côté.

Textes
Emmanuel Chanut, avec la participation de
Évelyne Douailler (pour « Le bulldozer » et « Le chasse-neige »),
Stéphanie Janicot (pour « La moissonneuse-batteuse »)
et Bertrand Fichou (pour « La grue mobile »).

Illustrations
Olivier Hubert :
la pelleteuse, la moissonneuse-batteuse,
le chasse-neige (pages intérieures),
Donald Grant :
le bulldozer, la grue mobile, le tracteur,
le chasse-neige, ainsi que les pages « Le sais-tu ? ».

Maquette
Maryse Guittet

La petite encyclopédie Youpi des grands curieux

 **Des découvertes plein les yeux !**

1 - Les animaux de la savane
2 - Les secrets de l'eau
3 - Les arbres de mon jardin
4 - Les supermachines
5 - Les animaux marins
6 - Le château fort
7 - Les animaux de la ferme
8 - Les véhicules automobiles
9 - Le chaud et le froid
10 - Les animaux de la forêt
11 - L'Égypte au temps des pyramides
12 - Les bateaux
13 - Les engins de l'espace
14 - Les animaux de la campagne
15 - Les dinosaures
16 - Les insectes de mon jardin

Retrouve le magazine Youpi chez ton marchand de journaux